FACULTÉ DE DROIT DE PARIS.

𝕿𝕳𝕰𝕾𝕰

POUR

LA LICENCE.

A VERSAILLES,

DE L'IMPRIMERIE DE KLEFER, PLACE D'ARMES, 17.

1845.

FACULTÉ DE DROIT DE PARIS.

THÈSE

POUR LA LICENCE.

L'acte public sur les matières ci-après sera soutenu, le Samedi 23 Août 1845, à midi,

Par Henri DE CAQUERAY,

NÉ A VERSAILLES (SEINE-ET-OISE).

Président, M. BONNIER, Professeur.

Suffragants :
| MM. DEMANTE, ROYER-COLLARD, VALETTE, | Professeurs. |
| FERRY, | Suppléant. |

Le Candidat répondra en outre aux questions qui lui seront faites sur les autres matières de l'enseignement.

VERSAILLES,

DE L'IMPRIMERIE DE KLEFER, PLACE D'ARMES, 17.

1845.

A MON PÈRE, A MA MÈRE,

HOMMAGE D'AFFECTION BIEN SINCÈRE
ET DE LA PLUS VIVE GRATITUDE.

HENRI DE CAQUERAY.

JUS ROMANUM.

DE LIBERATIONE LEGATA.

(Dig. XXXIV. 3.)

In hoc trigesimi quarti digestorum libri titulo de triplici legati genere disseritur.

1° Quo debitori a creditore liberatio ;

2° Quo, ex contrario, debitum creditori a debitore legatur ;

3° Quo a reddendis rationibus absolutio.

Etsi nemini res sua legari possit, liberationis debitori relictæ legatum valere jam certum est, licet dominus debiti sit; ut enim consistat legatum, necesse tantum est in eo aliquid utilitatis aut commodi ab initio versari, et liberationis legato non quod debitori sit contineri censetur, sed tantum remissionem obligationis, quæ quidem in bonis creditoris est.

Non item de re pignori data debitori a creditore legata dicendum. Quo legato solummodo debitor consequetur actionem, ut pignus recipiat prius, quam pecuniam solvat; sed debitum non lucrabitur, nisi talis fuerit testantis voluntas. Quo casu, lueri debebit.

Non solum debitori nostro, sed et heredis, et cujustibet alterius recte liberationem legare possumus, quacumque ex causa debeat. Et parvi refert an liberationem debitori ipsis verbis, an rem debitam legaverit testator, an heredem ab illo non petere damnaverit; nulla enim dubitatio est, quin herede petere a debitore vetito, nec hæres heredis petere possit.

Exemplis supra propositis debitori expresse liberatio legatur; quod etiam commodum tacite fieri potest. Sic, si quis decedens chirographum debitori suo dederit, ei competet exceptio, et quasi pro fideicommisso valebit hujus modi datio.

Non solum quod debetur remitti potest, sed etiam pars ejus vel pars obligationis; quæ liberatio omnino et in perpetuum, vel tantummodo ad certum tempus legari solet quo casu (sic enim existimabat Priscus Neratius, et rarum est), nec usuræ nec pœnæ intra id tempus peti poterunt; ea enim petitione adversus testamentum committeretur.

Rei alternatim debitæ liberatione legata, velut si is, qui stipulatus stichum aut decem damnaverit heredem stichum non petere, legatario debitori actio ex testamento competet, ut accepto liberetur; sic et in decem liberabitur, nam acceptilatio solutioni comparatur.

Nunc de effectu legati videamus.

Liberationis legato non dissolvitur ipso jure obligatio; sed varios hæc consequitur effectus liberatio.

Si quidem mihi liberatio sit relicta, quum solus sim debitor, sive a me petatur, exceptione uti, sive non petatur, ultro ex testamento agere possum, ut per acceptilationem liberer : sed quid si socii fuimus? Videamus ne per acceptilationem debeam liberari : alioquin, dum a correo meo petitur, ego inquietor. Et ita Julianus, scripsit : si quidem socii non simus, pacto me debere liberari ; si socii, per acceptilationem.

Hæc actio, nec non exceptio quas liberatione legata consequitur debitor, ipsius heredi prosunt et adversus heredem heredis eum liberare damnati, nisi verba liberationis non in rem, sed in personam collata sint, veluti si quis ita dixerit : hæres meus a solo Lucio Titio, vel a Lucio Titio, quamdiu vivit, ne petito. Quoties enim legatum personæ legatarii cohæret, sicut nec ullum aliud jus personale, ad heredem ejus non transit.

Hæres damnatus a fidejussore non petere, a reo petere potest, sed a reo petere vetitus, si a fidejussore petat, reo ex testamento tenetur. Quapropter, si quis reum et fidejussorem habens, reo liberationem leget, ille per acceptilationem liberandus.

Quod si fidejussori sit liberatio legata, pacto plerum que liberandus erit, interdum tamen acceptilatione, si vel reus vere ipse fuerit, aut in eam rem socius reus.

Si id, quod mihi deberes, vel tibi vel illi legarero, id que mihi solveris, vel qualibet alia ratione liberatus a me fueris, extinguitur legatum. Liberatio enim debitori legata ita demum habet effectum, si non fuerit exactum id a debitore, dum vivat testator; si exactum est, evanescit legatum.

Porro cum hæres rogatur debitorem suum liberare, de eo tantum cogitatum videtur, quod in obligatione manserit. Si quidem, etsi mortuo testatore, aliquid ante tabulas apertas fuerit solutum, ad causam fideicommissi non pertinebit; quod autem post tabulas apertas, ante aditam hereditatem ab eo, qui voluntatem defuncti non ignoravit, fuerit exactum, dolo proximum est, ideo que repeti potest.

De legato quo debitum creditori a debitore legatur.

Liberationem a creditore legatam adeo utilem esse diximus, si sit quidem legatarius debitor; ex contrario, legatum de quo agimus præsertim sortitur effectus, cum res non debeatur. Falsa enim demonstratio non vitiat.

Sin autem debeatur, inutile legatum erit, nisi plus in legato quam in debito sit (quod multis modis fit), et ideo creditoris intersit ex testamento potius, quam ex pristina obligatione, agere. Ergo, si in diem vel sub conditione debitum pure legatum erit, utile est legatum propter repræsentationem.

Si quod ei debet : perpetua adversus eum exceptione tutus, debitor creditori suo legaverit, proderit legatum ; eo enim casu, exceptio ei remissa videbitur.

De a reddendis rationibus absolutione legata.

Liberatione a reddendis rationibus legata, ut fieri solet, non consequitur legatarius, ut videatur ei obligatio prælegata, quæ dolo vel ex fraude commissa sit, sed ne negligentiæ ratio inquiratur ; hæres ergo rationes exigere vetitus, non impeditur reliqua petere, nec non res testatoris quæ penes legatarios sunt, nisi contraria defuncti fuerit voluntas, et expressim his verbis lata : « Damnas esto hæres meus, quidquid ab eo exegerit illa, vel illa actione, idei restituere, vel actionem ei remittere. »

Unde procurator, a quo rationem exigere vetitus, et quem eo nomine liberare damnatus est hæres, pecuniam ex contractu debitam restituere, vel actiones heredi præstare cogetur. Item servus manumissus, rationes reddere a testatore absolutus, si quid tamen dolo fecerit, vel pro reliquis actus sui conveniri potest.

POSITIONES.

I. Debitor cui liberatio legata, tam pacto, quam acceptilatione liberari potest.

II. Utile est legatum liberationis ei qui naturaliter tantum debebat.

DROIT FRANCAIS.

SECTION I. — DU PAIEMENT.

(Code Civ. Liv. III. tit. 3. ch. 5, sect. I, art. 1235—1264.)

§ I. — DU PAIEMENT EN GÉNÉRAL.

Le paiement, considéré dans son acceptation la plus large, c'est l'accomplissement réel de l'obligation; il a lieu toutes les fois que l'on fait ce qu'on a promis de faire, que l'on donne ce qu'on a promis de donner : c'est ce que les Romains exprimaient plus énergiquement en traduisant paiement par *solutio*, qui comprenait toutes les manières d'éteindre les obligations; cependant à Rome, *solutio* était plus souvent pris pour l'exécution de l'obligation *præstatio rei debitæ*.

Tout paiement suppose une dette : dans le paiement, il y a intention d'éteindre une dette; aussi peut-on répéter tout ce qu'on a payé indûment; celui qui veut répéter lutte contre une présomption légale; il devra donc prouver qu'il ne devait pas. Toutefois, il ne sera permis d'exercer la répétition du paiement volontaire d'une obligation naturelle, qu'en prouvant qu'il a été fait par erreur (1235).

Par qui le paiement peut-il être effectué? Le paiement le plus naturel est celui qui est fait par le débiteur; mais la loi permet à toute personne, qu'elle y soit ou n'y soit pas intéressée, d'acquitter l'obligation; ce principe reçoit exception dans les obligations de faire lorsque le créancier a intérêt à exiger qu'elle soit acquittée par le débiteur lui-même. (Art. 1236, 1237).

Si le tiers qui paie est intéressé, il a la subrogation légale ; s'il ne l'est pas, il n'a rempli que l'office d'un ami ; il n'exige pas, par conséquent, de subrogation aux droits du créancier.

Pour payer faut-il être propriétaire? La loi a consacré ce principe, que pour payer il fallait être propriétaire de la chose donnée en paiement et être capable de l'aliéner (Art 1238). Nous remarquerons que cette doctrine, qui est une réminiscence du droit Romain et de l'ancienne jurisprudence, ne sera pas vraie la plupart du temps, puisque la propriété aura été transférée par l'effet seul du consentement (1138) ; telle est du moins la règle pour les obligations de corps certain. Ensuite, en présence de la maxime de l'art. 2279 : « En fait de meubles la possession vaut titre, » ne faut-il pas dire que le paiement fait par le débiteur non propriétaire sera valable toutes les fois que le créancier est à l'abri de la revendication.

A qui doit-on payer? — Le paiement sera valablement fait, 1° au créancier lui-même, s'il est capable de recevoir, ou si, étant incapable, le débiteur prouve que la chose payée a tourné à son profit (1239, 1241) ; 2° au mandataire du créancier, tant que dure le mandat, ou que la révocation n'est pas connue du débiteur (2005) ; 3° le paiement sera encore valable, quand il sera fait de bonne foi au propriétaire apparent de la créance devenue exigible, c'est-à-dire à l'héritier putatif qui est en possession de la créance ; il avait le droit d'exiger le paiement, et le débiteur n'avait pas qualité pour lui contester son titre d'héritier.

Nous avons dit que le paiement fait au créancier capable est en principe valablement fait ; cependant il est des cas où il y aurait imprudence, de la part du débiteur, à payer directement ce créancier. Ainsi, le paiement fait au mépris d'une saisie ou opposition valablement faite dans les mains du débiteur, ne serait pas valable à l'égard des créanciers saisissants ou opposants, lesquels pourraient, en ce cas, contraindre le débiteur à payer de nouveau, sauf le recours de celui-ci contre son créancier (art. 1242).

Que faut-il payer? Le paiement, nous l'avons dit, est l'exécution de l'obligation; le paiement doit donc nécessairement consister dans ce qui fait l'objet de l'obligation. Aussi le créancier ne saurait être contraint de recevoir autre chose que ce qui lui est dû, lors même que la valeur de la chose serait équivalente ou même plus grande (1243). Cependant, on peut, avec le consentement du créancier, lui payer autre chose que ce qui lui était dû; *consentiente creditore, aliud pro alio solvitur.* C'est alors une dation en paiement, qui peut être considérée comme une novation conditionnelle, c'est-à-dire subordonnée à la validité du paiement.

Le paiement partiel ne procure pas les mêmes avantages que le paiement intégral; aussi le débiteur ne peut-il forcer le créancier à recevoir en partie le paiement d'une dette, même divisible; la règle est donc que le paiement doit être intégral, et ce n'est qu'avec une extrême réserve que la loi, *humanitatis causa*, prenant en considération la position du débiteur, permet au juge de diviser le paiement en accordant des délais modérés.

De là il résulte, que dans une dette alternative, le débiteur ne peut contraindre le créancier à recevoir une partie d'une chose et une partie de l'autre : enfin, dans le cas où l'objet de l'obligation n'est déterminé que par son espèce, le débiteur peut se libérer par le choix d'une moyenne qualité.

Quand doit-on payer? Le paiement doit être effectué au moment où l'obligation est parfaite, si elle est pure et simple

2

ou conditionnelle, ou bien à l'arrivée du terme tacite, conventionnel ou de grace, d'après 1244, 2e alinéa.

Où doit-on payer? Dans le silence des conventions, on interprète toujours en faveur du débiteur; aussi le paiement doit-il être fait, en règle générale, au domicile du débiteur, sauf stipulation contraire, et les cas d'exception énoncés dans l'art. 1247.

Les frais du paiement sont à la charge du débiteur; en conséquence, il est tenu du coût de la quittance par-devant notaire et du droit d'enregistrement. Il y aurait violation des droits du créancier, si les frais du paiement étaient à sa charge, puisqu'il serait empêché de recevoir l'intégralité de ce qui lui est dû.

§ II. DU PAIEMENT AVEC SUBROGATION.

Le paiement est l'exécution d'une obligation; s'il est effectué par le débiteur, l'obligation principale est accomplie; la cause des accessoires de cette obligation disparaît; ils s'éteignent avec elle.

Mais si un tiers intervenant vient acquitter la dette du débiteur, la dette n'en est pas moins éteinte, ainsi que les accessoires dont elle était entourée. Mais ce tiers qui a payé la dette d'autrui, a centre le débiteur un recours pour le recouvrement du montant de la somme qu'il a déboursée : à cet effet, le tiers a contre lui l'action *mandati* ou *negotiorum gestorum*, suivant que le débiteur a connu ou non le paiement que le tiers voulait effectuer (art. 1375). Nous remarquerons toutefois, que dans son recours contre le débiteur, le tiers qui a payé ne peut rattacher à sa nouvelle créance les priviléges et garanties de la primitive créance (1236).

On peut dire justement : *que la subrogation est l'attribution à une nouvelle créance, des priviléges, hypothèques, cautionnements, accessoires de l'ancienne créance qui est éteinte.*

Si le tiers qui a payé de ses propres deniers, a un intérêt plausible à ce paiement, ou bien si, n'ayant pas d'intérêt, il ne paie que sous la condition expresse qu'il jouira de tous les droits du créancier contre le débiteur, il y a lieu alors à la subrogation légale ou conventionnelle.

Le Code a distingué deux espèces de subrogation : 1° l'une consentie par le créancier; 2° l'autre par le débiteur.

La subrogation a lieu de la part du créancier, lorsque la convention intervient entre le créancier et le tiers qui vient payer; le concours du débiteur est inutile; cette subrogation doit être expresse et faite en même temps que le paiement, parce que si le paiement a été fait par un tiers et reçu par le créancier, il y a eu extinction de l'ancienne créance et affectation à la nouvelle des accessoires; s'il y a eu un moment où tout a été anéanti, il n'y a pas moyen de les rattacher rétroactivement.

En considérant de près les caractères de la subrogation et de la cession, on s'aperçoit que les différences qui existent entre elles sont assez nombreuses : d'abord la subrogation procède du créancier, du débiteur, et quelquefois de la loi seule; la cession procède toujours du créancier.

Le législateur a rangé la cession au titre de la vente, et en effet la cession est une véritable vente; la créance sera dans les mains de l'acheteur, ce qu'elle était chez le vendeur; le même droit avec ses prérogatives, passeront de droit à l'acheteur; en acquérant l'objet, on acquière ses qualités (art. 1692). Le Code a traité de la subrogation au chapitre du paiement; c'est qu'en effet dans la subrogation, il y a paiement, extinction de la créance; le droit lui-même ne passe pas au subrogé comme il passe au cessionnaire; il est éteint; c'est un nou-

veau droit qui commence et naît à l'instant où l'autre est
éteint; on détache du premier les prérogatives attachées au
second; dans la cession, le débiteur doit ce qu'il devait au
cédant, quoique la cession ait eu lieu en faveur du cessionnaire pour un prix inférieur à la valeur nominale de la
créance ou même gratuitement, sauf toutefois l'exception portée en l'art. 1699, relatif au cas de cession d'un droit ligitieux.

La subrogation conventionnelle, consentie par le débiteur,
a lieu, lorsque ce dernier, empruntant une somme à l'effet de
payer sa dette, la stipule au profit du prêteur. Cette subrogation s'opère sans le concours de la volonté du créancier; le
législateur a voulu par-là favoriser les débiteurs en leur
fournissant un moyen de se soustraire aux poursuites vexa-
toires des mauvais créanciers.

Le législateur n'a eu pour but, dans cette subrogation, que
d'améliorer la condition du débiteur; elle a été établie dans
un but d'humanité : aussi, pour prévenir la fraude et pour
conserver à cette subrogation son caractère de loyauté, la loi
a voulu, 1° que l'acte d'emprunt soit authentique et porte la
déclaration expresse que les deniers sont empruntés pour faire
le paiement; 2° que la quittance soit authentique et qu'elle
indique l'accomplissement du but, c'est-à-dire que le paiement a été fait des deniers empruntés : l'origine de cette
subrogation est au Code, Loi 1 : *Hoc enim tunc observatur cum is
qui pecuniam postea dat sub hoc pacto credat : ut idem pignus ei obligetur
et in locum ejus succedat.* La loi a voulu, en exigeant ces condi-
tions, que la subrogation n'eût lieu qu'au profit de celui qui
a réellement fourni les deniers.

De la subrogation légale.

Nous avons déjà dit, que lorsqu'un tiers a un intérêt plausible à payer, il se trouve subrogé par la seule force de la loi

à tous les droits du créancier contre le débiteur; cette subrogation s'opère de plein droit; elle a lieu : 1° au profit de celui
qui, étant lui-même créancier, paie un autre créancier qui
lui est préférable, à raison de ses priviléges ou hypothèques;
2° au profit de l'acquéreur d'un immeuble, qui emploie le prix
de son acquisition au paiement des créanciers auxquels cet
héritage était hypothéqué; 3° au profit de celui qui, étant tenu
avec d'autres ou pour d'autres au paiement de la dette, avait
intérêt à l'acquitter; 4° au profit de l'héritier bénéficiaire qui
a payé de ses deniers la dette de la succession; 5° au profit
des officiers publics qui ont fait pour les parties, l'avance des
droits d'enregistrement (loi du 22 frimaire an VII, art. 29);
6° au profit de celui qui, en cas de protêt d'une lettre de
change ou d'un billet à ordre, paie par intervention (art. 159
et 187, C. comm.).

La subrogation légale n'a pas lieu de droit commun, parce
qu'elle pourrait devenir un moyen de vexation, sûr que l'on
serait d'avoir de bonnes garanties; on poursuivrait le débiteur
avec force et on ferait vendre ses biens à vil prix; la loi ne
s'écarte du principe que quand le tiers qui a payé a de sa
part des causes de paiement, et quand les motifs qu'il allégue-
rait seraient personnels, déduits de sa position; dans les trois
premiers cas énoncés plus haut, apparaissent des causes qui
expliquent la conduite de celui qui a payé.

Si la loi accorde de plein droit la subrogation à l'héritier
bénéficiaire, qui paie de ses deniers les dettes de la succession, c'est qu'elle veut l'encourager à liquider plus prompte-
ment les dettes de la succession; par-là il agit d'ailleurs dans
ses propres intérêts, puisqu'il se maintient en possession des
biens héréditaires.

En accordant la subrogation légale aux officiers publics pour
avances des droits d'enregistrement, et au payeur par interven-

tion d'une lettre de change, la loi a dérogé à la disposition de l'art. 1251, qui exige que ceux qui ont payé eussent intérêt; le législateur a eu surtout en vue, dans ce dernier cas, de favoriser l'exactitude dans les opérations commerciales, et aussi d'empê-cher la perte du crédit pour un commerçant, ce qui amènerait peut-être plus tard une ruine totale.

§ III. DE L'IMPUTATION DES PAIEMENTS.

Pour qu'il y ait lieu à imputation de paiement, il faut suppo-ser qu'un débiteur est grevé de plusieurs dettes, et qu'il apporte au créancier une somme qui ne les acquitte pas toutes.

Quelle dette faudra-t-il acquitter? La loi pose en principe, que c'est au débiteur qu'il appartient de diriger l'imputation; cependant il faut ne pas léser le créancier.

Cette faveur que la loi accorde avec justice au débiteur, doit être limitée dans de justes bornes; il ne doit pas en user pour porter préjudice à son créancier, et il le ferait, s'il lui était loi-sible d'imputer son paiement sur le capital, par préférence aux intérêts et arrérages. Aussi le paiement fait par le débiteur, mais qui n'est point intégral, devra-t-il s'imputer d'abord sur les intérêts; le surplus s'imputera sur le capital.

En principe, au débiteur appartient le droit d'imputer; mais s'il a négligé d'user de son droit, s'il a accepté la quittance de son créancier, par laquelle ce dernier a imputé le paiement sur une dette spéciale, il faut respecter ce contrat, à moins qu'il n'y ait eu dol ou surprise de la part du créancier.

Enfin, si la quittance ne porte aucune imputation, le paie-ment devra être imputé sur la dette la plus onéreuse au débi-teur. Mais si toutes les dettes ne sont pas échues, l'imputation aura lieu sur celle qui l'est, quoique moins onéreuse. Si les dettes sont d'égale nature, l'imputation se fait sur la plus ancienne. Enfin, toutes choses étant égales, les parties n'ayant aucun intérêt à ce que l'imputation soit dirigée sur telle dette plutôt que sur telle autre, elle se fera proportionnellement sur toutes les dettes.

Il semble que l'article 1848, au titre du contrat de société, ait voulu déroger aux articles 1253 et 1256 ; mais si l'on examine de près, l'on voit que le législateur n'a voulu régler que les rapports des associés entre eux ; nous croyons donc que le débiteur aura le droit d'imputer le paiement sur celle des deux dettes qu'il voudra, et que 1256 trouvera son application si la dette est plus onéreuse que celle de la société. L'art. 1848 ne recevrait seulement son application qu'au cas où le débiteur n'aurait pas fait d'imputation, et qu'il n'aurait pas d'intérêt à acquitter l'une des deux dettes plutôt que l'autre.

§ IV. DES OFFRES DE PAIEMENT, ET DE LA CONSIGNATION.

Il arrivera rarement que le créancier refuse son paiement, surtout s'il remplit complètement l'objet de l'obligation ; mais des contestations peuvent s'élever entre le créancier et le débiteur, sur la question de savoir si le paiement est suffisant. Aussi, l'art. 1257 fournit-il au débiteur le moyen de se libérer, malgré le refus du créancier, en faisant verbalement des offres réelles, suivies de la consignation. Observons que de simples offres verbales seraient insuffisantes.

Les offres réelles, quoique valablement faites, et suivies de la consignation, ne peuvent opérer la libération du créancier ; elles n'équivaudront à un véritable paiement, que du jour où le créancier les aura acceptées, ou lorsqu'un jugement passé en force de chose jugée, viendra les déclarer valables.

Puisqu'il y a un véritable paiement lorsque les offres réelles sont suivies de consignation, avec les circonstances dont nous avons déjà parlé, il faut voir s'il n'y a pas quelques conséquences à en tirer : 1° Elles mettent la chose consignée aux risques et périls du créancier; 2° elles arrêtent le cours des intérêts; 3° elles libèrent le débiteur. Il y a si bien paiement, c'est-à-dire, extinction de l'obligation, que les co-débiteurs et les cautions sont libérés, et, si le débiteur vient à retirer avec le consentement du créancier, la somme ou la chose consignée, il naît à l'instant même une nouvelle dette, et ce fait ne peut nuire aux co-débiteurs ou cautions. Il est un cas où le débiteur retirant sa consignation, la dette continue d'exister, et les co-débiteurs ou cautions ne sont pas libérés, c'est celui où la consignation n'a pas été acceptée par le créancier, ou s'il n'a été rendu de jugement passé en force de chose jugée, qui déclare les offres et la consignation bonnes et valables, c'est qu'il n'y a de la part du débiteur qu'une simple *pollicitation* qui ne peut suffire pour le libérer.

Comme la chose offerte ne cessera d'être au risque du débiteur, et les intérêts ne cesseront de courir à sa charge qu'au jour du dépôt, il suffit pour la validité de la consignation : 1° qu'elle ait été précédée d'une sommation signifiée au créancier, contenant l'indication du jour, de l'heure et du lieu où la chose offerte sera déposée; 2° que le débiteur se soit dessaisi de la chose offerte, par la remise à la caisse des consignations, avec les intérêts jusqu'au jour du dépôt; 3° qu'il y ait eu procès-verbal régulièrement dressé par l'officier ministériel, c'est-à-dire, qu'il indique la nature des espèces offertes, le refus qu'a fait le créancier de les recevoir, ou sa non comparution, et enfin le dépôt; 4° qu'au cas de non comparution de la part du créancier, le procès-verbal du dépôt lui ait été signifié avec sommation de retirer la chose déposée.

Si la chose due est un corps certain qui doit être livré au lieu où il se trouve, il suffira au débiteur de faire sommation au créancier de l'enlever; si le créancier n'obéit pas à la sommation, et que le débiteur ait besoin du lieu dans lequel elle est placée, il pourra, après s'être fait autoriser en justice, la déposer dans un autre lieu.

SECTION III. — DE LA REMISE DE LA DETTE.
(Art. 1282—1288.)

Sous l'empire de notre législation, la remise de la dette s'applique à toute espèce d'obligation ; ce ne sont pas seulement les obligations conventionnelles qui peuvent être anéanties par le consentement contraire, à la différence du Droit romain, qui, après avoir posé la règle *nihil tam naturale est quam eo genere quidquid dissolvere quo colligatum*, l'avait cependant soumise à une distinction, selon que les obligations résultaient d'un contrat consensuel, ou d'un contrat réel.

La remise peut avoir lieu pour partie ou pour le tout, purement et simplement, ou sous condition, à titre onéreux ou à titre gratuit.

La remise à titre gratuit sera la plupart du temps volontaire; il est cependant un cas consigné (au Code de commerce, art. 516), où la remise sera forcée; pour cela, il faut supposer que des créanciers chirographaires se sont trouvés en minorité lors de la délibération du concordat; ils seront alors forcés de se ranger à l'avis de la majorité, c'est-à-dire de faire remise au failli d'un dividende égal à celui qui a été voté par la majorité.

La remise de la dette peut être considérée comme une libéralité, quoiqu'exempte des règles de forme; elle ne sera pas moins soumise, comme toute donation, aux règles de fond, et par conséquent sujette à rapport, réduction, révocation. Elle n'a point d'effet avant l'acceptation du débiteur, qui sans être toujours expresse, peut résulter de certaines présomptions.

La remise peut être expresse ou tacite : expresse, lorsqu'elle résulte d'une convention formelle entre le créancier et le débiteur ou d'une disposition testamentaire; tacite, elle résulte

3

d'une infinité de circonstances dont la loi abandonne l'appréciation aux lumières et à la sagesse des juges.

Ainsi la remise volontaire du titre original sous signature privée, par le créancier au débiteur, fait preuve de la libération (1282). Nous déciderions de même, par analogie, de la remise volontaire d'un acte notarié passé en brevet. Il est en effet difficile de supposer que le créancier non satisfait, se soit facilement dessaisi du seul titre constitutif de son droit.

Le législateur n'a voulu voir dans la remise volontaire de la grosse du titre qu'une présomption de paiement ou de la remise de la dette, présomption qui n'est pas exclusive de la preuve contraire. Examinons maintenant s'il n'y a pas des différences remarquables entre ce dernier cas (1283) et celui dont nous avons déjà parlé (1282) : dans le premier cas, la loi déclare que le débiteur est libéré, parce qu'il a en sa possession le titre original sous signature privée, c'est au créancier à prouver contre cette présomption ; il pourra, par exemple, soutenir que si le billet est dans la main du débiteur, c'est par l'effet de la surprise, du dol, de la perte, etc. Dans le second cas, il n'y a qu'une simple présomption en faveur du débiteur, présomption non exclusive de la preuve contraire, et en effet le législateur a bien fait de distinguer : puisque le créancier pourrait plutôt se dessaisir de la grosse que de l'original d'un titre sous signature privée, à cause de la possibilité qu'il aurait de se procurer une seconde grosse.

La loi a posé en principe, que la remise du titre original sous signature privée ou de la grosse du titre à l'un des débiteurs solidaires, a le même effet au profit de ses co-débiteurs (1284). Il faut toutefois distinguer si la remise est *in rem*, ou seulement *in personam*, c'est-à-dire, examiner si le créancier, en déchargeant un des débiteurs solidaires, n'a pas entendu réserver ses droits contre les autres : s'il a fait cette réserve, il pourra demander le montant de la dette à ceux qu'il n'a pas déchargés, après avoir fait déduction de la part de celui auquel il aurait fait la remise : et si, l'un des débiteurs solidaires devenait insolvable, il supporterait, dans la perte survenue par l'insolvabilité, une part égale à celle que le débiteur déchargé aurait eu à supporter lui-même (1215).

La remise de l'obligation principale entraîne l'extinction de l'obligation accessoire, comme celle du cautionnement du gage et de l'hypothèque; mais l'obligation principale peut toujours subsister sans l'existence de l'obligation accessoire; ainsi la remise de la chose donnée en nantissement, ne suffit point pour faire présumer la remise de la dette; celle accordée à la caution ne libère pas le débiteur principal.

En sens inverse, nous dirons que la remise ou décharge conventionnelle accordée au débiteur principal libère les cautions. En effet, la dette étant éteinte, il n'est plus besoin de cautionnement.

La libération accordée à l'une des cautions ne libère pas les autres; mais dans ce cas, le créancier ne pourra poursuivre les autres cautions que sous la déduction de la part de celle qu'il a libérée par la remise.

En présence de l'art. 1288, ne faut-il pas dire que les rédacteurs du Code se sont trop préoccupés de l'intérêt du débiteur en décidant que le créancier doit imputer sur la dette et au profit du débiteur, ce qu'il a reçu d'une des cautions pour la décharge de son cautionnement? En effet, il y a dans la convention qui est intervenue entre le créancier et l'une des cautions, quelque chose d'aléatoire, et il semble que la somme que le créancier a reçue est le prix du risque qu'il va courir, c'est-à-dire l'insolvabilité du débiteur. Il arrivera, et c'est là la conséquence fatale de la disposition de cet article, que l'honnête homme ne consentira jamais à décharger les cautions, puisqu'il ne trouvera aucune compensation du danger qu'il va courir, et qu'un créancier moins scrupuleux accordera la décharge moyennant finances, et violera la loi en donnant à penser qu'il n'y a eu de sa part qu'une remise purement gratuite.

QUESTIONS.

I. La saisie-arrêt ou opposition arrête-t-elle la totalité de la somme due par le tiers saisi, ou seulement la somme due au saisissant? — La totalité de la somme due par le tiers saisi.

II. Les droits du créancier subrogé sont-ils les mêmes que ceux du cessionnaire? — Non.

III. Faut-il entendre l'exception portée au mode d'imputation des paiements par l'art. 1848, en ce sens que les dispositions des art. 1253 et 1256 en faveur du débiteur ne doivent point être observées? — Non.

IV. A partir de quel moment cessent de courir les intérêts d'une somme due, est-ce à partir du jour des offres réelles ou seulement du jour de la consignation? — Ils courront jusqu'au jour de la consignation.

V. La remise de l'hypothèque faite par le créancier au débiteur principal entraîne-t-elle la libération de la caution? — Oui.

FIN.